TRÈS BELLES

# TAPISSERIES

## ÉTOFFES & BRODERIES

DES XVI<sup>e</sup>, XVII<sup>e</sup> ET XVIII<sup>e</sup> SIECLES

PROVENANT

## DU CHATEAU DE V...

| **M<sup>e</sup> ESCRIBE** | **M. A. BLOCHE** |
|---|---|
| COMMISSAIRE-PRISEUR | EXPERT |
| 6, rue de Hanovre, 6 | 44, rue Laffitte, 44 |

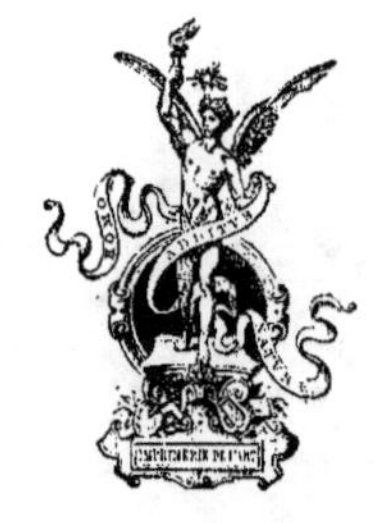

# CATALOGUE

DE

# CINQUANTE-DEUX BELLES TAPISSERIES

## D'AUBUSSON, DE BRUXELLES, DE BRUGES

IMPORTANTES SÉRIES DE SIX PANNEAUX ÉPOQUES HENRI II ET LOUIS XIV

*Nombreuses Tentures à sujets historiques et mythologiques*

### SUITE DE BELLES VERDURES

JOLIE PETITE TAPISSERIE D'APRÈS BÉRAIN

Garnitures — Bandeaux — Lambrequins — Couvre-pieds
au point et au petit point

BELLES ÉTOFFES ET BRODERIES DE LA RENAISSANCE

# PROVENANT DU CHATEAU DE V...

DONT LA VENTE AURA LIEU

## HOTEL DROUOT, SALLES N<sup>os</sup> 1 ET 3

**Le Jeudi 21 Février 1884**

A DEUX HEURES

---

| | |
|---|---|
| **M<sup>e</sup> ESCRIBE** | **M. A. BLOCHE** |
| COMMISSAIRE-PRISEUR | EXPERT |
| 6, rue de Hanovre, 6 | 44, rue Laffitte, 44 |

---

## EXPOSITION PUBLIQUE

Le Mercredi 20 Février 1884, de 1 heure 1/2 à 5 heures 1/2

# CONDITIONS DE LA VENTE

Elle sera faite au comptant.

Les Acquéreurs paieront CINQ POUR CENT en sus des enchères, applicables aux frais de vente.

L'exposition mettant le public à même de se rendre compte de l'état des objets, il ne sera admis aucune réclamation une fois l'adjudication prononcée.

Paris. — Imprimerie de l'Art, J. Rouam 41, rue de la Victoire.

# DÉSIGNATION DES OBJETS

## TAPISSERIES

### TENTURES. -- PANNEAUX

1-6 — Série de six belles tapisseries de l'époque
Henri II, représentant des chasses avec nombreux petits personnages en costume du
temps et multitude d'animaux de toutes
espèces, courant à travers bois et taillis.
Bordures larges à figures de guerriers, rois
et châtelaines, groupes de musiciens, entre-
coupées de fruits et de fleurs.

Première. Long., 3 m. 30 cent.; haut.,
3 m. 40 cent.

Deuxième. Long., 5 m. 30 cent.; haut.,
3 m. 20 cent.

Troisième. Long., 4 m. 40 cent.; haut.,
3 m. 20 cent.

Quatrième. Long., 3 m. 20 cent.; haut.,
3 m. 40 cent.

Cinquième. Long., 4 mètres; haut., 3 m.
40 cent.

Sixième. Long., 3 m. 20 cent.; haut., 3 m.
40 cent.

7-8 — Deux très belles tapisseries de Bruxelles
représentant des vues de parc à travers des
colonnades supportant des bosquets enguir-
landés de vignes et au milieu desquels sont
posés des vases de forme Renaissance chargés de fleurs. La bordure d'aspect monumental présente en haut un médaillon à petit
paysage supporté par des figures d'Amours,
puis des guirlandes de fruits; sur les côtés,
ce sont des colonnes ornées de sujets et de
feuilles d'acanthe; en bas, des têtes ailées,
des sirènes et des guirlandes de fruits.
XVII* siècle.

Première. Long., 4 mètres; haut., 3 m.
70 cent.

Deuxième. Long., 4 mètres; haut., 3 m.
70 cent.

9-14 — Série de six belles tapisseries représentant
des domaines seigneuriaux avec châteaux
forts environnés de cours d'eau, parcs et
forêts animés de grands oiseaux et de volatiles. Jolies bordures à coquillages, enroulements, rinceaux et fleurs. Époque Louis XIV.

Première. Long., 3 m. 40 cent.; haut.,
2 m. 90 cent.

Deuxième. Long., 2 m. 60 cent.; haut.,
2 m. 90 cent.

Troisième. Long., 1 m. 20 cent.; haut.,
2 m. 90 cent.

Quatrième. Long., 4 m. 20 cent.; haut.,
2 m. 90 cent.

Cinquième. Long., 1 m. 70 cent.; haut.,
2 m. 90 cent.

Sixième. Long., 1 m. 20 cent.; haut., 2 m.
90 cent.

15-19 — Série de cinq tapisseries d'Aubusson représentant des scènes de l'histoire d'Alexandre.

Première. Long., 2 m. 60 cent.; haut.,
1 m. 80 cent.

Deuxième. Long., 1 m. 70 cent.; haut.,
1 m. 90 cent.

Troisième. Long., 1 m. 30 cent.; haut.,
1 m. 90 cent.

Quatrième. Long., 1 m. 65 cent.; haut.,
1 m. 95 cent.

Cinquième. Long., 90 cent.; haut., 1 m.
50 cent.

20-23 — Série de quatre belles tapisseries d'Aubusson
représentant des paysages avec pavillons
chinois, vues de châteaux, animaux, fleurs et
volatiles. Bordures à fleurs.

Première. Long., 6 m. 20 cent.; haut.,
2 m. 50 cent.

Deuxième. Long., 2 m. 20 cent.; haut.,
2 m. 50 cent.

Troisième. Long., 2 m. 30 cent.; haut.,
2 m. 50 cent.

Quatrième. Long., 1 m. 80 cent.; haut.,
2 m. 50 cent.

24-26 — Série de trois belles tapisseries représentant :

La première, un marquis chassant dans son domaine avec vue de château en perspective.

Long., 6 mètres ; haut., 2 m. 70 cent.

La deuxième représente un fauconnier dans un paysage animé d'oiseaux.

Long., 2 m. 70 cent. ; haut., 2 m. 40 cent.

La troisième représente un marquis se promenant dans ses terres.

Long., 1 m. 95 cent. ; haut., 2 m. 70 cent.

Ces trois tapisseries sont entourées de bordures à fleurs et rubans. XVIII* siècle.


27-28 — Suite de deux belles tapisseries représentant des paysages avec lacs et oiseaux ; bordures à fleurs, rinceaux et coquilles.

Première. Long., 2 m. 40 cent. ; haut., 2 m. 60 cent.

Deuxième. Long., 2 m. 20 cent. ; haut., 2 m. 60 cent.


29 — Très beau panneau en tapisserie, travail au petit point du temps de Louis XIV, représentant un nabab étendu sous un palanquin

entouré de ses courtisans et recevant la sou-
mission de ses tributaires, au milieu d'un
jardin tout émaillé de fleurs, de plantes
variées et animé d'oiseaux. Intéressante composition empruntée aux cartons de *Bérain*.

Long., 1 m. 40 cent. ; haut., 90 cent.

30 — Grande et belle tapisserie représentant un
paysage avec des fleurs, des plantes variées,
au premier plan, animé de chiens et de volatiles. La bordure à guirlandes de roses, de
pivoines et de tulipes, offre au centre en haut
empiétant sur le champ : une armoirie.
xviiiᵉ siècle,

Long., 5 m. 30 cent. ; haut., 2 m. 70 cent.

31-32 — Deux très belles tapisseries d'Aubusson
représentant des vues de châteaux au milieu
de paysages accidentés, arrosés par des cours
d'eau et animés de perroquets, de hérons et
autres volatiles. Jolies bordures à guirlandes
de fleurs et palmes.

Première. Long., 5 m. 10 cent. ; haut.,
2 m. 80 cent.

Deuxième. Long., 4 m. 30 cent. ; haut..
2 m. 80 cent.

33 — Grande et belle tapisserie de l'époque Louis XIV,

représentant un paysage boisé arrosé par des
cours d'eau, offrant des châteaux en perspective et animé de lièvres courant. Jolie bordure à fleurs et ornements.

Long., 4 m. 50 cent. ; haut., 3 mètres.

34 — Tapisserie de la Renaissance, représentant une
chasse au tigre. Intéressante composition de
cavaliers, de chasseurs et d'animaux. Bordure
à fleurs et fruits.

Long., 3 m. 70 cent. ; haut., 2 m. 80 cent.

35 — Très belle tapisserie de Bruxelles représentant
*une déesse recevant des présents*. Composition de nombreuses figures, exécutée d'après
les cartons de *Rubens*, avec bordure d'aspect
monumental à colonnades, fruits et médaillons. XVIII<sup>e</sup> siècle.

Long., 4 m. 30 cent. ; haut., 3 m. 30 cent.

36 — Belle tapisserie de Bruxelles représentant
*Alexandre et Cléopâtre*, avec bordure
d'aspect monumental, à colonnades et guirlandes de fruits ; exécutée d'après les cartons
de *Rubens*. XVII<sup>e</sup> siècle.

Long., 4 mètres : haut., 3 m. 20 cent.

37 — Tapisserie d'Aubusson représentant le *Sommeil*

*d'Ariane*. Composition de six personnages. Bordure à fleurs et rinceaux. XVIII° siècle.

Long., 2 m. 60 cent. ; haut., 2 m. 10 cent.

38 — Belle tapisserie représentant un paysage animé d'oiseaux. Bordure à fleurs et rinceaux. XVIII° siècle.

Long., 3 m. 80 cent.; haut., 2 m. 50 cent.

39 — Tapisserie de Bruges représentant le *Jugement de Paris*, avec bordure à fleurs et rubans, offrant dans chaque angle du bas un petit chien. XVII° siècle.

Long., 3 m.: haut., 2 m. 90 cent.

40 — Très belle tapisserie représentant un paysage accidenté, offrant des villages en perspective et animé de faisans. XVIII° siècle.

Long., 3 m. 80 cent.; haut., 2 m. 80 cent.

41 — Tapisserie représentant un paysage avec vue de château en perspective, animé de cigognes et autres volatiles. Bordure à fleurs.

Long., 4 m.; haut., 2 m. 50 cent.

42 — Tapisserie d'Aubusson représentant une composition d'après *Oudry*, des grandes volatiles

dans un parc avec château en perspective. Bordure à fleurs et écussons. XVIII<sup>e</sup> siècle.

Long., 2 m. 10 cent.; haut., 2 m. 40 cent.

43 — Grande et belle tapisserie représentant un paysage accidenté avec rivière et animé de volatiles. Bordure à fleurs. XVIII<sup>e</sup> siècle.

Long., 1 m. 80 cent.; haut., 2 m. 50 cent.

44 — Joli panneau en tapisserie de la Renaissance, représentant de nombreux petits personnages dans une vallée où s'élèvent des temples et d'autres monuments.

Long., 2 m. 20 cent.; haut., 2 m. 40 cent.

45 — Tapisserie de Bruges représentant des paysans et des paysannes dans un paysage. XVII<sup>e</sup> siècle.

Long., 2 m. 20 cent.; haut., 2 m. 40 cent.

46 — Petit panneau en tapisserie d'Aubusson, représentant une scène pastorale.

Long., 2 m.; haut., 70 cent.

47 — Panneau en tapisserie verdure avec bordure sur deux côtés à médaillons de petits paysages et fleurs. Époque Louis XIV.

Long., 3 m. 70 cent.; haut., 1 m. 50 cent.

48 — Portière en tapisserie d'Aubusson, représentant
un château dans un parc animé de volatiles; composition d'après Oudry. Bordure
en haut et en bas à palmes.

Long., 1 m. 5 cent.; haut., 2 m. 30 cent.

49 — Panneau d'entre-deux en verdure avec oiseau.

Long., 55 cent.; haut., 1 m. 90 cent.

50 — Petit panneau représentant un village envi-
ronné d'arbres.

Long., 70 cent.; haut., 70 cent.

51 — Tapisserie de Bruges, sujet de chasse avec
bordure à fleurs et rubans. XVII⁰ siècle.

Long., 3 m. 70 cent.; haut., 2 m. 75 cent.

52 — Tapisserie verdure. XVIII⁰ siècle.

Long., 3 m.; haut., 2 m. 20 cent.

## BANDEAUX ET LAMBREQUINS EN TAPISSERIE

53 — Beau tour de lit composé de quatre lambrequins en tapisserie au point et au petit point,
époque Louis XIV, représentant des médail-

lons à sujets de chasse encadrés de rinceaux
et de fleurs.

Long., 5 m. 25 cent.; haut., 30 cent.


54 — Beau bandeau de tapisserie de la Renaissance,
représentant des figures d'anges se terminant
en volutes, des cartouches à mascarons et
des rinceaux.

Long., 2 m. 85 cent.; haut., 50 cent.


55 — Joli bandeau en tapisserie de la Renaissance,
représentant des petits sujets à personnages,
des cariatides et des vases chargés de fruits.

Long., 2 m. 75 cent.; haut., 50 cent.


56 — Deux lambrequins en tapisserie au point de
l'époque Louis XIV, fond jaune d'or à fleurs,
avec bordure et dentelures fond blanc.

Premier. Long., 1 m. 90 cent.; haut.,
30 cent.
Deuxième. Long., 1 m. 50 cent.; haut.,
25 cent.


57 — Beau couvre-pieds à bords dentelés en tapisserie au point de l'époque Louis XIV, représentant des bandes à vases de fleurs et feuillages, bordure à fleurs et rinceaux.

Long., 3 m. 50 cent.; long., 2 m. 30 cent.

# ÉTOFFES

58 — Beau lambrequin en faille crème encadré de velours de Gênes jaune maïs. Époque Renaissance.

Long., 1 m. 80 cent.; haut., 50 cent.

59 — Belle chasuble en damas de soie rouge, enrichie d'un bandeau en velours rouge brodé de rinceaux en satin jaune avec cinq médaillons à figures et sujets tirés du Nouveau Testament, en broderie à fond d'or de la Renaissance.

60 — Chasuble en damas rouge avec bande en broderie fond d'or représentant cinq personnages sous des arceaux. Époque Renaissance.

61 — Chasuble en velours rouge avec bande en broderie d'or à cinq médaillons : Figures de saints sous des arceaux. Époque Renaissance.

62 — Chasuble en damas rouge avec bande en velours brodé de la Renaissance et médaillons à figures de saints à fond d'or.

63 — Trois belles bandes, dont une très longue en
velours rouge richement brodé d'or à rinceaux, feuillages et enroulements de la
Renaissance.

64 — Deux belles dalmatiques et une chasuble en
velours rouge avec garnitures et bandes
ornées de broderies de la Renaissance représentant des figures, des rinceaux et des
enroulements.

65 — Deux petits lambrequins en velours rouge
brodé d'or et de soie de la Renaissance.

66 — Beau rideau d'autel en velours rouge richement brodé d'or et de soie représentant des
anges portant le saint ostensoir, encadré de
cornes d'abondance, de fleurs et de rinceaux.

67 — Beau dessous de dais en damas de soie bleue
avec milieu en brocart d'argent richement
brodé d'un superbe bouquet de fleurs, d'oiseaux, d'encadrements à volutes, avec bordure en brocart d'argent orné de fines
broderies. Époque Louis XIV.

68 — Deux coupes de beau galon à armoiries et
écussons sur fond jaune d'or. Environ
58 mètres.

69 — Dix garnitures de siéges et un grand bandeau
en faille blanche brodée à fleurs et festons
du temps de Louis XVI.

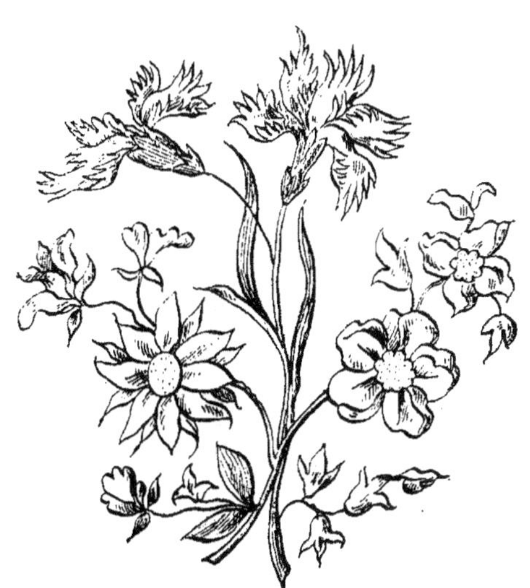